AF124151

www.ingramcontent.com/pod-product-compliance
Lightning Source LLC
LaVergne TN
LVHW010423070526
838199LV00064B/5408

* 9 7 8 9 3 5 8 7 2 5 0 7 0 *

رحمتِ عالم اور سماجی بہبود

(سیرت النبیؐ)

محمد اسلم الوری

© Taemeer Publications LLC
Rahmat-e-Aalam aur Samaji Bahbood
by: Muhammad Aslam Aloori
Edition: April '2024
Publisher :
Taemeer Publications LLC (Michigan, USA / Hyderabad, India)

ISBN 978-93-5872-507-0

مصنف یا ناشر کی پیشگی اجازت کے بغیر اس کتاب کا کوئی بھی حصہ کسی بھی شکل میں بشمول ویب سائٹ پر اَپ لوڈنگ کے لیے استعمال نہ کیا جائے۔ نیز اس کتاب پر کسی بھی قسم کے تنازع کو نمٹانے کا اختیار صرف حیدرآباد (تلنگانہ) کی عدلیہ کو ہو گا۔

© تعمیر پبلی کیشنز

کتاب	:	رحمتِ عالم اور سماجی بہبود
مصنف	:	محمد اسلم الوری
پروف ریڈنگ / تدوین	:	اعجاز عبید
صنف	:	سیرت النبیؐ
ناشر	:	تعمیر پبلی کیشنز (حیدرآباد، انڈیا)
سالِ اشاعت	:	۲۰۲۴ء
صفحات	:	۳۰
سرِ ورق ڈیزائن	:	تعمیر ویب ڈیزائن

افراد کے مابین تعاون و ہمدردی اور باہمی محبت و خیر خواہی کا جذبہ معاشرہ میں سیاسی استحکام, معاشرتی امن و سکون اور معاشی ترقی کے لئے از حد ضروری ہے اسی لئے اسلام نے باہمی تعاون, انسانی ہمدردی اور خیر خواہی کو اعلیٰ انسانی اوصاف کا حصہ بنادیا ہے قرآن hیم کا ارشاد ہے

تعاونو علی البر والتقوی ولا تعاونو علی اثم والعدوان

ترجمہ۔ نیکی اور بھلائی کے کاموں میں ایک دوسرے کے ساتھ تعاون کرو اور گناہ و سرکشی میں مددگار نہ بنو

اسی طرح سورہ فاتحہ میں خداوند قدوس کی صفات ربوبیت و رحمت کے زبردست اظہار کا ایک مقصد ان صفات قدسی کا تاثر ہر سچے مومن کے کردار عمل میں پیدا کرنا ہے تاکہ ربوبیت مومن کا مزاج اور رحمت و شفقت اس کا شعار بن جائے۔

تعلیمات مصطفی ﷺ میں خدمت خلق کا تصور

حضور اکرم ﷺ کی سیرت مطہرہ اور خصوصاً آپ کے طریق تبلیغ کے مطالعہ سے یہ حقیقت مترشح ہوتی ہے کہ دین اسلام کی ہمہ گیر مقبولیت اور سریع

الاثری کی ایک اہم وجہ یہ تھی کہ آپ نے دینی دعوت کی بنیاد انسانی ہمدردی, سماجی بہبود اور خدمت خلق کے پاکیزہ اصولوں پر رکھی۔ عقائد کی درستگی کے ساتھ ساتھ معاشی استحصال سے نجات، اعلیٰ اخلاقی قدروں کا فروغ اور معاشرتی بہبود روز اول سے ہی آپ کی دعوت کے مقاصد اولیٰ میں شامل تھے ایک مغربی عالم مارکس ڈاڈ اس امر کی جانب اشارہ کرتے ہوئے لکھتا ہے۔

آپ غریب و امیر کی یکساں عزت کرتے تھے اور اپنے گرد و پیش کے لوگوں کی خدمت کا بہت خیال رکھتے تھے۔

شارع اسلام کی نظر میں خدمت خلق کو کس قدر اہمیت اور تقدس حاصل ہے اس کا اندازہ ایک حدیث مبارکہ سے ہو سکتا ہے آپ نے ارشاد فرمایا۔

خیر الناس من ینفع الناس

ترجمہ تم میں سے بہترین انسان وہ ہے جس سے دوسرے انسانوں کو فائدہ پہنچے۔

اسی طرح آپ نے انسانی شرف و عزت کا معیار ہی خدمت خلق کو قرار دیا۔
حضرت عبدالرحمن سلمی سے روایت ہے حضور سید دو عالم نے ارشاد فرمایا

سید القوم خادمھم

ترجمہ قوم کا سردار تو قوم کا خادم ہوتا ہے

معلوم ہوا انسانی ترقی و کمال کی معراج یہ ہے کہ اس کا وجود معاشرے کے دوسرے افراد کے لئے منفعت بخش اور فیض رساں بن جائے۔ اس کی ذات سے خیر وخوبی کے سوتے پھوٹتے ہوں اس کا علم جہالت کی تاریکیوں میں نور بکھیرتا ہو؛

اس کے جسمانی قویٰ ہر وقت کمزور اور بے سہارا لوگوں کی امداد و اعانت پر صرف ہو رہے ہوں اس کی ذہنی صلاحیتوں سے معاشرتی فوز و فلاح کے نت نئے منصوبے جنم لیتے ہوں اور اس کی آنکھیں جذبہ خدمت سے سرشار معذور و مجبور انسانوں کی راہ تک رہی ہوں۔ غرض فرمان مصطفی ﷺ کے مطابق عزت و تکریم کی رفعتوں کو وہی شخص پا سکتا ہے جو سراپا خیر اور معاشرہ کے لئے مجسم رحمت و منفعت بن جائے۔

ہر کہ خدمت کرد مخدوم شد

ایک اور حدیث میں آتا ہے:

ساری مخلوق اللہ کی عیال ہے مخلوق میں سب سے زیادہ محبوب اللہ کے نزدیک وہ ہے

جو اللہ کی عیال یعنی مخلوق کے ساتھ زیادہ بھلائی سے پیش آتا ہے۔

آنحضرت ﷺ نے مخلوق کو عیال اللہ اور مسلمانوں کو آپس میں بھائی قرار دے کر تہذیب انسانی کی تعمیر و ترقی کے لئے باہمی تعاون اور بھائی چارہ کی وسیع بنیادیں فراہم کی ہیں۔

حضرت علیؓ شمائل نبوی ﷺ بیان کرتے ہوئے فرماتے ہیں۔

آپ کے قریب ترین لوگ صالح لوگ ہوتے تھے اور ان میں سے آپ کی نظر میں زیادہ صاحب فضیلت وہی ہوتا جو عام لوگوں کی زیادہ بھلائی چاہتا تھا اور آپ کے نزدیک وہی شخص صاحب مرتبہ ہوتا جو لوگوں کے دین و دنیا کے کام آتا اور ان کے ساتھ محبت و اخلاق سے پیش آتا۔

رحمت عالم کے کردار کی چند جھلکیاں

احادیث میں آتا ہے کہ حضرت جنابؓ ایک جنگی مہم ہو گئے ہوئے تھے ان کے گھر میں کوئی مرد نہ تھا اور عورتیں دودھ دینے والے جانوروں کا دودھ دوہنا نہیں جانتی تھی۔ رسول اکرم ﷺ روزانہ حضرت جناب رضی اللہ عنہ کے گھر کر جانوروں کو دوہتے تھے۔

اسی طرح ایک پاگل لڑکی کی خدمت اقدس میں حاضر ہو کر مدد کی خواستگار ہوئی تو آپ سے ارشاد فرمایا۔

بی بی تم مدینہ کی جس گلی میں چاہو جا کر بیٹھ جاؤ میں تمہارا کام ضرور کروں گا۔

ایک روز حالت نماز میں ایک بدو نے آکر دامن رحمت تھام لیا اور اصرار کرنے لگا میرا تھوڑا سا کام رہ گیا ہے پہلے آپ اسے پورا کر دیں مبادا کہ آپ بھول جائیں۔ اپ فورا بدو کے ہمراہ مسجد نبوی سے باہر تشریف لائے اور اس کا کام مکمل کرنے کے بعد نماز پوری کی۔

حضور اکرم کا شانہ نبوت ﷺ میں

حضرت اسودؓ نے ام المومنین عائشہؓ سے دریافت کیا کہ رسول اللہ ﷺ گھر میں کیا کرتے تھے۔ آپ نے فرمایا

'گھر والوں کی خدمت میں رہتے تھے یعنی ان کے کام کاج کیا کرتے تھے۔ نماز کا وقت آتا تو نماز کے لئے مسجد میں چلے جاتے۔'

خدمت خلق اور صحابہ کرام کی تربیت

سیرت طیبہ کے مطالعہ سے معلوم ہوتا ہے کہ رسول اکرم ﷺ اپنے کردار و عمل سے خدمت خلق اور انسانی ہمدردی کے اعلیٰ نمونے پیش کرنے کے ساتھ اپنے صحابہ کرام رضوان اللہ علیہم اجمعین کی تربیت بھی اس نہج پہ فرماتے تھے کہ وہ بھی معاشرہ کے لئے مجسمۂ رحمت و ایثار بن جائیں۔ احادیث سے پتہ چلتاہے کہ آپ نماز روزہ اور دیگر عبادات کے بارے میں تاکید کے ساتھ ساتھ صحابہ کرام کو دوسرے انسانوں سے بھلائی اور خیر خواہی کی بھی بھرپور تلقین فرماتے تھے۔ حضور اکرم ﷺ کی بعثت کی خبر جب حضرت ابوذر غفاریؓ تک پہنچی تو آپ نے اپنے بھائی کو تحقیق احوال کے لئے مکہ مکرمہ بھیجا۔ بھائی نے مکہ مکرمہ سے واپسی پر ابوذر غفاریؓ کو ان الفاظ میں اطلاع دی۔

رایت یامر بمکارم الاخلاق

میں نے آپ کو دیکھا کہ آپ اعلیٰ اخلاق کا حکم دیتے ہیں۔

حضرت جریر ابن عبد اللہؓ فرماتے ہیں۔ میں نے رسول اللہ ﷺ سے نماز قائم کرنے، زکوٰۃ ادا کرنے اور ہر مسلمان کی خیر خواہی پر بیعت کی۔

سرکار دو عالم ﷺ نے اپنے پیارے ساتھیوں کو یہ درس دیا تھا کہ " جو شخص کسی بیوہ یا مسکین کی خبر گیری کرتا ہے اس کی حیثیت اللہ کی راہ میں جہاد کرنے والے یا اس شخص کی ہے جو دن کو روزے رکھتا ہے اور رات کو عبادت کے لئے کھڑا رہتا ہے۔

ایک اور حدیث مبارکہ ہے کہ جس نے اللہ کی راہ میں جہاد کرنے والے کا سامان تیار کیا وہ گویا جہاد میں شریک ہوا جس نے مجاہد کے جانے کے بعد اس کے گھر

والوں کی خبر گیری کی وہ جہاد میں شامل ہوا۔ اسی طرح پڑوسیوں کے ساتھ حسن معاملہ کی تعلیم دیتے ہوئے پڑوسی کی عزت کرے اور اس کو ایذا نہ دے۔

حضرت عبد اللہ بن سلام بیان کرتے ہیں کہ پہلا ارشاد جو رسول اکرم ﷺ کی زبان مبارک سے میں نے سنا وہ یہ تھا۔

لوگو! سلام کا رواج ڈالو، کھانا کھلایا کرو اور صلہ رحمی کیا کرو۔ کنز العمال میں ایک حدیث ہے کہ اللہ جل شانہ کو سب سے زیادہ یہ عمل پسند ہے کہ کسی مسکین کو کھانا کھلایا جائے۔

خلفائے راشدین اور انسانی خدمت کے عملی مظاہر

آپ کے ان ارشادات مبارکہ کو صحابہ کرام نے کس طرح حرز جاں بنایا اس بارے میں نہایت حیرت انگیز واقعات تاریخ و سیر کی کتب میں درج ہیں۔ حضرت ابو بکر صدیق کے متعلق روایت ہے کہ غریبوں اور محتاجوں کی خدمت گزاری آپ کا خاص مشغلہ تھا وہ مصیبت زدوں کی اعانت کرتے، غریبوں اور مساکین کی دستگیری فرماتے، مہمانوں کی ضیافت کرتے اور مقروضوں کا بار اٹھاتے، قرابت داروں کا خیال رکھتے اور باقاعدگی سے ان کی مالی اعانت کرتے، حضرت مسطح بن اثاثہ آپ کے غریب رشتہ دار تھے آپ نے ان کے تمام مصارف کا بار اپنے ذمہ لے رکھا تھا۔

ایک روایت میں آتا ہے کہ جب آپ نے مسند خلافت کو زینت بخشی تو ایک بچی آپ کی خدمت میں حاضر ہوئی اور تاسف سے بولی اپ امیر المومنین بن گئے ہیں اب ہماری بکریوں کا دودھ کون دوہا کرے گا۔ انسانی خدمت کے جذبہ سے

سرشار رحمت عالم ﷺ کے اس عظیم نائب نے نہایت انکساری سے جواب دیا خدا کی قسم میں بدستور یہ خدمت بجالاؤں گا اور میری خلافت اس خدمت کی انجام دہی میں رکاوٹ نہ بنے گی یہ تھا سرکار دو عالم کا وہ فیضان تربیت جس نے اقتدار کی اعلیٰ ترین مسند پر فائز ہونے کے باوجود آپ کے دل میں موجزن خدمت خلق کے جذبہ کو سرد نہ پڑنے دیا بلکہ اسے فزوں تر کر دیا۔

ایک اور روایت میں آتا ہے۔ ایک اور روایت میں آتا ہے اطراف مدینہ میں ایک نابینا ضعیف رہتی تھی حضرت عمر فاروقؓ کو اس کی حالت کا علم ہوا تو وہ روزانہ رات کو یا علی الصبح اس کے گھر جا کر ضروری کام کر دیا کرتے۔ چند دن کے بعد انہوں نے دیکھا کہ ان کے آنے سے پہلے ہی کوئی شخص اس کے کام کر جاتا ہے۔ ایک روز دروازے میں چھپ کر کھڑے ہو گئے کچھ دیر بعد دیکھا کہ حضرت ابو بکر صدیقؓ گھر میں داخل ہو رہے ہیں یہ ان کی خلافت کا زمانہ تھا حضرت عمر بے ساختہ پکار اٹھے اے خلیفۃ الرسول خدا کی قسم آپ ہی روزانہ مجھ سے سبقت لے جاتے ہیں۔

ایک مرتبہ حضرت عمرؓ نے ایک عمر رسیدہ یہودی کو بھیک مانگتے دیکھا آپ نے اس سے سوال کیا تم بھیک کیوں مانگتے ہو؟ اس نے جواب دیا" جزیہ ادا کرنے، ضرورت زندگی پوری کرنے اور بڑھاپے کے باعث ۔ امیر المومنین حضرت عمر فاروقؓ اسے اپنے گھر لے آئے کچھ رقم عطا کی اور ایک عام حکم کے ذریعے سے اور اس جیسے تمام تمام افراد کو جزیہ معاف کر دیا۔

آپ اپنے آپ کو امیر المومنین نہیں بلکہ اجیر المومنین یعنی مومنوں کا مزدور کہا کرتے تھے۔ ایک آپ سرکاری اونٹوں پر تیل لے رہے تھے ایک صحابی نے کہا

کہ یہ خدمت تو آپ کسی غلام سے بھی لے سکتے تھے۔ آپ نے فرمایا مجھ سے بڑھ کر غلام کون ہو گا؟

حضرت عثمان غنیؓ رفاہ عامہ کے کاموں میں اپنا مال بے دریغ خرچ کرتے تھے۔ مدینہ منورہ میں ایک میٹھے پانی کا کنواں خرید کر اللہ کی راہ میں وقف کر دیا اسی طرح مسجد نبوی کی تعمیر سامان جہاد کی فراہمی، حاجتمند مسلمانوں میں غلہ کی تقسیم اور بے شمار زر خرید غلاموں کو آزاد کرنا آپ کے اوصاف حمیدہ میں شامل ہے۔

حضرت علیؓ بھی خدمت خلق کے پاکیزہ جذبے سے سرشار تھے کبھی کوئی سوالی آپ کے دروازے سے خالی ہاتھ واپس نہیں جاتا تھا فرمایا کرتے تھے۔ جنت اس شخص کی مشتاق رہتی ہے جو اپنے بھائی کی حاجت پوری کرتا ہے۔

اللہ کے رسول ﷺ کی کامل اتباع کرتے ہوئے صحابہ کرام رضوان اللہ اجمعین نے نظام مصطفی کی عملی تصویر دنیا کے سامنے پیش کی اور اپنے کردار و عمل سے معاشرتی بہبود اور سماجی بھلائی کا وہ شاندار نقشہ تاریخ کے صفحات میں محفوظ کر دیا جس کی نظر دنیا کا کوئی اور نظام حیات پیش کرنے سے قاصر ہے۔ رحمت عالم ﷺ کے ان اولین جانثاروں کا پاکیزہ کردار آج بھی ہمارے مفکرین، مبلغین، معلمین اور صاحبان اقتدار و ثروت کے لئے مشعل راہ کی حیثیت رکھتا ہے۔ دور حاضر میں نظام مصطفی ﷺ کا نفاذ اور حقیقی اسلامی و فلاحی معاشرہ کا قیام تعلیمات نبوی پر پوری طرح عمل درآمد اور صحابہ کرام کے کردار و عمل سے رہنمائی حاصل کئے بغیر ممکن نہیں۔

تعلیمات مصطفی ﷺ کے دور حاضر پر اثرات

یہ رحمت عالم ﷺ کی سیرت طیبہ کا اعجاز ہے کہ انسانی ہمدردی اور خدمت خلق سے متعلق آپ کی پاکیزہ تعلیمات پوری تہذیب انسانی کی توجہ کا مرکز ہیں۔ موجودہ دور میں تمام اقوام عالم آپ کے ارشادات عالیہ کی روشنی میں سماجی بہبود کے منصوبے تشکیل دینے پر مجبور ہیں خدمت خلق کے لاکھوں ادارے اس وقت دنیا بھر میں مصروف عمل ہیں۔ معاشرتی بہبود (Social Welfare) کا موضوع نہ فقط تعلیمی سطح پر ایک باقاعدہ سائنس کا درجہ اختیار کر چکا ہے بلکہ سماجی خدمات کا شعبہ دنیا بھر کے ممالک میں ایک اہم ریاستی ذمہ داری کے طور پر کام کر رہا ہے۔ جدید مملکتوں نے تدریجاً ایک مملکت فلاح و خیر کا تصور پیدا کیا ہے مگر ایک تاریخ دان اس حقیقت سے انکار دشوار ہو گا کہ مملکت فلاح وخیر کو تشکیل دینے والے اور اس کو روبہ عمل لانے والے پہلے مدبر آنحضرت ﷺ تھے۔

بقول مولانا عبدالماجد دریا آبادی حق یہ ہے کہ آپ کی نبوت پر اور جتنے دلائل ہیں بالفرض وہ سب معدوم ہو جائیں اور آپ کی شریعت کے صرف وہی حصے باقی رہ جائیں جو عام خلائق اور اس کے مختلف طبقوں کے ساتھ ہمدردی، محبت اور حسن سلوک پر مشتمل ہیں تو تنہا یہی چیز آپ کی نبوت کے اعجاز کے لئے کافی دلیل بن سکتی ہے۔

اب ہم سیرت طیبہ کے حوالے سے موجودہ معاشرتی و اقتصادی ڈھانچے میں سماجی خدمات کی اہمیت، نوعیت اور امکانات کا ایک مختصر خاکہ پیش کرتے ہیں۔

خیر خواہی دین کی روح ہے

ارشاد نبوی " الدین النصیحۃ کی روشنی میں خیر خواہی دین کی روح ہے یہی وجہ ہے کہ اسلام نے اکثر دعاؤں میں مسلمانوں کو صیغۂ جمع استعمال کرنے کی ہدایت کی ہے تاکہ جو بہتری وہ اپنے خدا سے اپنے لیے طلب کریں وہ سب دوسرے مسلمانوں کے لئے بھی طلب کریں۔ حضور اکرم نے ارشاد فرمایا" خدا کی قسم تم مومن نہیں ہو سکتے جب تک اپنے بھائی کے لئے وہ کچھ نہ چاہو جو اپنے لیے چاہتے ہو۔

انسانی تعلقات کی انقلابی اساس

اسی طرح انسانی تعلقات میں باہمی خیر خواہی کی اہمیت اجاگر کرتے ہوئے سرکار دوعالم ﷺ نے معاشرت کا یہ زریں اصول عطا فرمایا۔

ایسے شخص کی صحبت میں کوئی خوبی نہیں جو تمہارے لئے بھی وہ کچھ نہ چاہے جو اپنے لیے چاہتا ہے یا اس انداز میں نہ سوچے جس انداز میں وہ اپنی بہتری اور بھلائی کے لئے سوچتا ہے۔

ان فرامین رسالت پر عمل کے نتیجے میں ذہنی طور پر انسان کے اندر دوسروں سے منسلک رہنے اور دوسروں کی بہتری چاہنے کی شعوری کیفیت پیدا ہو جاتی ہے اس ذہنی کیفیت کے بعد جو عمل وجود میں آئے گا وہ بہر حال دوسروں سے حسن سلوک پر ہی مبنی ہو گا۔

اتحاد و یکجہتی

آج عالم اسلام اور خصوصاً مسلمانان پاکستان کو جو بدترین خطرات در پیش ہیں ان میں علاقائی ،لسانی، نسلی اور فرقہ وارانہ تعصبات کا مسئلہ سر فہرست ہے ۔ تعلیمات مصطفٰے سے روگردانی کے نتیجے میں قومیت کے مسئلہ نے اس انداز میں سر

اٹھایا ہے کہ قومی یکجہتی اور ملکی سلامتی سے متعلق ذہنوں میں شکوک وشبہات فروغ پا رہے ہیں۔ دریں حالات حضور سید دوعالم ﷺ کا یہ ارشاد مبارکہ ہمارے لئے نجات کی راہ متعین کرتا ہے۔

مسلمان ایک جسد واحد کی مثل ہے جس کا اگر ایک عضو درد میں مبتلا ہو تو پورا بدن تکلیف محسوس کرتا ہے۔

بنی آدم اعضائے یک دیگر اند — کہ در آفرینش زیک جوہر اند
چو عضوے درد آورد روزگار — دگر عضوہارا نماند قرار

ایک اور مقام پر وحدت نسل انسانی کا آفاقی تصور پیش کرتے ہوئے نبی اکرم ﷺ نے ارشاد فرمایا:

الناس کلھم سواکا انسان المشط سب انسان آپس میں کنگھی کے دندانوں کی طرح ہیں۔ یعنی تمام انسان باہم

مل جل کر ہی اپنے امور موثر انداز میں انجام دے سکتے ہیں۔

معاشرتی امن اور جرائم کا انسداد

اگر معاشرہ میں تیزی سے بڑھتے ہوئے جرائم، سماجی ناانصافی معاشی عدم توازن، قتل وخونریزی اور منشیات کے استعمال کے رجحانات کا تجزیہ کیا جائے تو ان سب کے پس پردہ خود غرضی، نفس پرسی اور دولت واقتدار کی ہوس جیسے عوامل کار فرما نظر آئیں گے۔ ایسے معاشرے میں جہاں اپنی لمحاتی مسرت کے لئے بچوں سے باپ کی شفقت اور مال سے اس کا نور عین چھین لیا جاتا ہو۔ جہاں چند سکوں کے عوض ہنستی کھیلتی بستیاں کھنڈرات میں تبدیل کر دی جاتی ہوں جہاں دولت کی ہوس

میں منشیات، سمگلنگ اور تخریب کاری کے ذریعے پوری قوم کو عذاب میں مبتلا کر دیا گیا ہو وہاں رحمت عالم ﷺ کے فرمودات ہمارے لیے فلاح و نجات کی راہیں متعین کرتے ہیں۔ حضرت عبد اللہ ابن عمرؓ روایت کرتے ہیں رسول اللہ ﷺ نے فرمایا: " مسلمان مسلمان کا بھائی ہے نہ تو اسے وہ رسوا کرے اور نہ اس پر ظلم کرے اور جو اپنے بھائی کی حاجت روائی میں رہے گا اللہ اس کی حاجت دور کرے گا اور جو مسلمان سے کوئی تکلیف دور کرے گا اللہ اس سے قیامت کے دن کی تکالیف دور کرے گا اور جو مسلمان کی پردہ پوشی کرے گا قیامت کے دن اللہ اس کی پردہ پوشی کرے گا۔

معاشرتی امن و سکون اور باہمی یگانگت کا راز افشاء کرتے ہوئے ارشاد ہوا۔" آپس میں خصومت اور دشمنی سے گریز کرو کیونکہ اس سے خوبیاں فنا ہو جاتی ہیں اور فقط عیوب زندہ رہتے ہیں۔

معاشرتی برائیوں کے انسداد اور امور خیر کی ترغیب دلاتے ہوئے فرمایا:۔ کل معروف صدق ہر نیکی صدقہ ہے۔

ترک الشر صدقۃ یعنی شر کا ترک کر دینا بھی صدقہ ہے۔

مندرجہ بالا فرامین نبوی ﷺ کے آئینہ میں اتحاد و یکجہتی، امن و آشتی اور باہمی ہمدردی و خیر خواہی پر مبنی ایک جنت نظیر معاشرہ کی جھلک صاف نظر آتی ہے ۔ آپ نے افراد معاشرہ کے مابین خصومت و دشمنی اور نفرت و عداوت سے اجتناب کی تلقین اس قدر بلیغ انداز میں فرمائی ہے کہ اس کی نظیر نہیں ملتی۔ انسانوں سے بھلائی اور خیر خواہی کو صدقہ سے تعبیر کر کے سماج میں فلاحی انقلاب کی شاندار

اساس مہیا کردی ہے جس پر حقیقی اسلامی معاشرہ کی تشکیل کی جاسکتی ہے۔

اگر معاشرتی فوز و فلاح اور پر امن معاشرہ کی تعمیر کا یہ جذبہ کماحقہ بیدار ہو جائے تو ہمارا معاشرہ آج بھی امن و سکون کا گہوارہ بن سکتا ہے۔

جہالت و ناخواندگی کا خاتمہ

علم روشنی اور جہالت تاریکی سے عبارت ہے ۔ ترقی پذیر ممالک خصوصاً پاکستان کی معاشی ، بدحالی، سیاسی عدم استحکام اور سماجی برائیوں کی ایک اہم وجہ جہالت و ناخواندگی ہے۔ انتخابات میں نااہل افراد کا چناؤ، کاشتکاری کا فرسودہ نظام، ذات پات ، زبان ، رنگ اور نسل کی بنیاد پر جنم لینے والے تعصبات ، منشیات اور آتشیں اسلحہ کا بڑھتا ہوا استعمال ، آبادی کی شرح افزائش میں تشویشناک حد تک اضافہ ، جعلی طبیبوں اور پیروں کی موجودگی اور معاشرہ میں بڑھتے ہوئے سماجی جرائم ان سب کے پس پردہ جہالت کا عنصر کار فرما ہے۔ آج دنیا کے تقریباً ایک ارب اور وطن عزیز کے اسی فیصد سے زائد افراد علم کی روشنی سے محروم ہیں اور یہی جہالت ان کے تمام مسائل کی جڑ ہے۔ سرکار دو عالم ﷺ کا ارشاد گرامی ہے۔

لا فقر اشد من الجھل

ترجمہ: جہالت سے بڑھ کر کوئی شدید افلاس نہیں۔

ترقی یافتہ اور پسماندہ اقوام کے مابین خواندگی کی شرح کا بین تفاوت اس تلخ حقیقت کی غمازی کرتا ہے۔ قرآن حکیم نے تعلیم کے فروغ اور تزکیۂ نفوس انسانی کو مقاصد نبوت میں سے قرار دیا ہے۔ علم کی فضلیت و فرضیت سے متعلق بے شمار احکامات وارشادات نبوی کتب سیرت میں مرقوم ہیں۔

معلم انسانیت کا نظام تعلیم و تربیت

سرور کائنات ﷺ نے حقیقی معنوں میں فلاحی معاشرہ کی تشکیل کے لئے عبادات، احکام اور آداب اسلامی کی ترویج کے لئے تعلیم و تربیت کے متعدد مستقل و عارضی مراکز قائم فرمائے۔ مدینہ منورہ میں اصحاب صفہ پر مشتمل تاریخ اسلامی کی اولین باقاعدہ درس گاہ کے قیام کے علاوہ دور دراز علاقوں کے نو مسلموں کی تربیت کے لئے قابل اور محنتی معلمین و مبلغین مقرر کئے گئے۔

احادیث میں آتا ہے کہ حضرت رافع بن مالک انصاری مدینہ سے مکہ آئے اور رسول اللہ ﷺ سے قرآن پاک کی تعلیم حاصل کر کے واپسی پر مدینہ منورہ میں تعلیم و تدریس کا سلسلہ شروع کیا۔ انصار کی خصوصی درخواست پر آپ نے حضرت مصعب بن عمیرؓ کو معلم بنا کر ان کے ہاں بھیجا۔ ہجرت کے تیسرے برس قارہ قبیلے کی درخواست پر فقہ اسلامی کی تعلیم کے لئے چھ صحابہ کی جماعت آپ نے ان کے ہمراہ روانہ فرمائی۔ نجران کے کچھ اصحاب کی استدعا پر حضرت ابو عبیدہ بن الجراح اور عمرو بن حزم کو روانہ کیا گیا۔ فتح مکہ سے واپسی پر عتاب بن السید اور حضرت معاذ بن جبل کو قرآن اور فقہ کی تعلیم کے لئے مامور کیا گیا۔ اسی طرح روایات کے لئے مدینہ منورہ حاضر ہوتے ان کے قیام کے دوران مختصر دورانئیے کے تربیتی پروگرام تشکیل پاتے اور اہل علم صحابہ مختصر مدت میں دین کی ضروری معلومات باہر سے آنے والے افراد کو بہم پہنچاتے تاکہ وہ واپس جا کر اپنے دیگر ساتھیوں کو اسلام کی بنیادی تعلیمات سے آگاہ کریں۔

فروغ علم اور ہماری ذمہ داریاں

معاشرتی بہبود کا ایک اہم پہلو یہ ہے کہ تعلیم و تربیت کو عام کیا جائے افراد معاشرہ کو جہالت و گمراہی کی دلدل سے نکال کر علم و آگاہی کی شاہراہ پر لا کھڑا کرنا انسانیت کی شاندار خدمت ہے اسلام اس مقصد کے حصول کے لئے صاحبان علم و دانش سے محنت و ایثار کا تقاضا کرتا ہے تاکہ وہ اپنی خداداد صلاحیتوں اور علم و شعور کی نعمتوں سے استفادہ میں اپنے ابنائے جنس کو بھی شریک کر سکیں۔ حضور اکرم ﷺ نے ارشاد فرمایا:۔

ان لوگوں کا کیا حال ہو گا جو اپنے پڑوسیوں کو دین کی فقہ یعنی سوجھ بوجھ نہیں دیتے اور نہ انہیں پڑھاتے ہیں اور نہ نصیحت کرتے ہیں نہ انہیں نیکی کا حکم دیتے ہیں اور نہ برائی سے روکتے ہیں اسی طرح برا حال ہے ان لوگوں کا جو اپنے پڑوسیوں سے نہ سیکھتے ہیں اور نہ تفقہ فی الدین حاصل کرتے ہیں اور نہ ان سے نصیحت لیتے ہیں۔ بخدا ہر شخص اپنے پڑوسیوں کو ضرور تعلیم دے اور ہر شخص اپنے پڑوسیوں سے ضرور علم سیکھے ورنہ میں انہیں دنیا میں ہی سزا دوں گا۔

علم کی اہمیت بیان فرماتے ہوئے ارشاد ہوا۔

حصول علم کی راہوں پر چلنا جنت کے راستے پر چلنا ہے۔

ایک اور جگہ ارشاد فرمایا:

ایک عالم دین شیطان پر سو عابدوں سے زیادہ بھاری ہے۔

اسی طرح جن نعمتوں پر رشک کرنا جائز ہے علم بھی ان میں شامل ہے۔ جہالت کے خاتمہ سے نہ صرف افراد کی شعوری سطح بلند ہوتی ہے بلکہ اجتماعی سطح پر بھی فروغ علم کی برکات معاشی خوشحالی، سیاسی استحکام اور معاشرتی امن و سکون کی

صورتوں میں جلوہ گر ہوتی ہیں۔ اپنی معاشرتی ذمہ داریوں سے غافل اہل علم کے لئے سرکار دو عالم کا یہ ارشاد گرامی ایک تازیانہ کی حیثیت رکھتا ہے کہ:

میں پناہ مانگتا ہوں۔ اس دعا سے جو قبول نہ ہو۔ اس دل سے جو خوف خدا سے خالی ہو۔ اور اس علم سے جس سے دوسروں کو فائدہ نہ پہنچے۔

سرکار ختمی مرتبت کا یہ ارشاد و گرامی ہر ذی علم کو جہالت و ناخواندگی کے خلاف جہاد کی ترغیب ہی نہیں دیتا بلکہ حصول علم سے متعلق اسلام کے افادی نقطہ نظر کی ترجمانی بھی کرتا ہے۔ اسلام علمی صلاحیتوں کے ایسے استعمال پر زور دیتا ہے جس سے انسانی فلاح و سلامتی کی راہ ہموار ہوتی ہے۔ خداداد علمی و ذہنی استعداد کو مہلک ہتھیاروں کی تیاری، دولت کی لوٹ کھسوٹ اور غریب و پسماندہ اقوام کے خلاف استحصالی ہتھکنڈے کے طور پر استعمال کرنا کسی طرح بھی لائق تعریف نہیں اسی لئے حضور اکرم ﷺ نے ایسے غیر منفعت بخش بلکہ ضرر رساں علم سے اللہ کی پناہ طلب کی ہے۔

تعلیم و تربیت کے فروغ کے سلسلے میں حضور اکرم کے ارشادات مبارکہ ہمیں دعوت عمل دیتے ہیں کہ ہم اپنے معاشرہ میں جہالت کے خاتمہ اور علم کے فروغ کے لئے انفرادی و اجتماعی سطحوں پر بھرپور مہم چلائیں اس ضمن میں درج ذیل عملی اقدامات تجویز کیے جاتے ہیں۔

۱۔ ضروری سہولیات کی فراہمی کے ساتھ تمام تعلیمی اداروں میں ڈبل شفٹ کا اہتمام کیا جائے۔

۲۔ ملک کے طول و عرض میں قائم ایک لاکھ سے زائد مساجد و

مدارس میں متعلقہ انتظامیہ، بلدیاتی اداروں اور اہل علم حضرات کے باہمی تعاون سے بچوں کے لئے مکتب سکیم اور شام کو تعلیم بالغاں کے لئے شبینہ کلاسز کا اجراء کیا جائے۔

۳. تمام خانقاہوں میں تعلیمی و تحقیقی اداروں کا قیام عمل میں لایا جائے اور خانقاہ کی آمدنی کو تعلیم و تربیت کے فروغ کے لئے استعمال کیا جائے۔

۴. دینی مدارس سے فارغ ہونے والے طلباء کو تدریس کی خصوصی تربیت کے لئے سرکاری تربیتی اداروں میں مفت داخلہ دیا جائے۔

۵. کالجز اور جامعات کی سطح پر تعلیم حاصل کرنے والے طلباء کو پابند کیا جائے کہ وہ کم از کم ایک ناخواندہ کو علم کے زیور سے آراستہ کریں گے۔

۶. موسم گرما کی تعطیلات میں اساتذہ اور طلباء کے تعاون سے ناخواندگی کے خلاف بھرپور مہم چلائی جائے جس میں ناخواندہ افراد کو تعلیم دی جائے۔

۷. والدین کو اس بات کا پابند کیا جائے کہ وہ اپنے ہر بچے کو مطلوبہ عمر تک پہنچنے پر سکول میں داخل کروائیں گے اس راہ میں حائل دشواریوں کو دور کرنے کے لئے ان کی مالی و اخلاقی اعانت کی جائے۔

۸. اعراس بزرگان دین کے اہم مواقع پر جمع ہونے والے ہزاروں عقیدت مندوں کی علمی و روحانی تربیت کے لئے خصوصی تقریبات کا انعقاد کیا جائے اور اس سلسلے میں ایک منظم اور موثر پروگرام تشکیل دیا جائے۔

۹. پرائمری سطح پر تعلیم کو زیادہ مفید اور موثر بنانے کے لئے اساتذہ کا

تعلیمی معیار اور ان کی مالی حالت بہتر بنانے کے اقدامات کئے جائیں۔

۱۰. فلاحی، دینی اور سیاسی تنظیمیں اپنے منظم رضاکاروں کے ذریعے ملک بھر میں خواندگی عام کرنے کی مہم میں حصہ لیں۔

۱۱. مستحق اور ذہین طلباء و طالبات کے لئے مالی معاونت کا معقول انتظام کیا جائے۔

روزگار کی فراہمی اور گداگری کا انسداد

دنیا بھر کے نوجوانوں خصوصاً ترقی پذیر ممالک میں پائی جانے والی بے چینی، مایوسی اور جھنجھلاہٹ کی اہم وجہ مناسب روزگار کی عدم دستیابی ہے۔ وطن عزیز کے موجودہ سماجی و معاشی ڈھانچے میں تقریباً ۵۵ فیصد خاندانوں کی کفالت فقط ایک فرد واحد پر عائد ہوتی ہے۔ یعنی نصف سے زیادہ گھرانوں کے روزگار کے قابل افراد بے روزگاری کا شکار ہیں۔ روزگار کے یکساں مواقع کی عدم موجودگی میں نوجوانوں خصوصاً تعلیم یافتہ نوجوانوں میں تشدد اور منشیات کا رجحان فروغ پا رہا ہے۔ کراچی، اندرون سندھ اور پنجاب میں ڈکیتی کی وارداتوں میں ملوث اکثر ملزم تعلیم یافتہ طبقہ سے تعلق رکھتے ہیں۔ در ایں حالات گداگری کا پیشہ بھی زوروں پر ہے جو کسی بھی مہذب معاشرے کے دامن پر ایک بد نما داغ ہے۔ مذکورہ بالا سماجی اور اقتصادی امراض، معاشرے کے داخلی تضادات، معاشی استحصال، اقتصادی ناہمواری اور سماجی سطح پر سہل انگاری، کام چوری، اہل ثروت کی بے توجہی اور افراد معاشرہ کی اجتماعی بے حسی کے آئینہ دار ہیں۔

اگر کوئی شخص ضعف و ناتوانی، معذوری و مجبوری یا کسی اچانک حادثہ کے نتیجے

میں بھیک مانگنے پر مجبور ہو جائے تو اس کی حاجت روائی ہر صاحب استطاعت پر لازم ہے لیکن صحت مند، محنت و مزدوری کے قابل ہٹے کٹے اشخاص اگر محنت و مشقت سے پہلو تہی کرتے ہوئے گداگری کا پیشہ اپنا لیں تو یہ کسی طرح بھی روا نہیں۔ سماجی خدمت کا ایک اہم پہلو معاشرے سے گداگری کا انسداد ہے اس لئے جہاں معذور و مستحق افراد کی امداد و اعانت کا حکم دیا گیا ہے وہاں خود ساختہ گداگروں کی حوصلہ شکنی بھی ضروری ہے۔ سرکاری دو عالم ﷺ نے بھیک مانگنے کو انتہائی معیوب فعل قرار دیا ہے آپ کا فرمان ہے۔

جو شخص دست سوال دراز کرتا ہے اللہ تعالیٰ اس پر فقر و محتاجی مسلط کر دیتا ہے۔

بھیک لینے والے اور بھیک دینے والوں کے مابین امتیاز کرتے ہوئے ارشاد فرمایا:

الید العلیا خیر من الید السفلیٰ

"اوپر والا یعنی دینے والا ہاتھ نیچے والے یعنی لینے والے ہاتھ سے بہتر ہے۔

مزید وضاحت کرتے ہوئے آپ نے فرمایا:

فان الید العلیاء ھی المنطیه

بے شک بلند ہاتھ عطا کرنے والا ہوتا ہے

ایک اور مقام پر سوال کرنے کی مذمت کرتے ہوئے ارشاد فرمایا۔

سوال کرنے والے کے چہرے پر قیامت کے دن گوشت کا ٹکڑا نہ ہو گا

الکاسب حبیب اللہ

معاشی لحاظ سے پسماندہ اور اخلاقی طور پر زوال پذیر معاشرہ میں محنت ومشقت کر کے روزی کمانے کو معیوب سمجھا جاتا ہے اور مختلف محنت طلب پیشوں سے وابستہ کارکنوں کو حقارت سے کمی کہہ کر مخاطب کیا جاتا ہے لیکن حضور رحمت عالم نے اپنے بے مثل کردار وعمل سے محنت ومزدوری کی عظمت دنیائے عالم کے سامنے واضح فرمائی۔

محنت کی عظمت بیان کرتے ہوئے ارشاد فرمایا۔

الکاسب حبیب اللہ

اپنے ہاتھ سے محنت کر کے روزی کمانے والا اللہ کا دوست ہے۔

حضرت عبداللہ بن مسعود رضی اللہ عنہ کہتے ہیں سرکار دو عالم نے ارشاد فرمایا شریعت کے دیگر فرائض کے بعد رزق حلال کما کر کھانا فرض ہے۔

محنت و مزدوری کر کے روزی کمانے کی فضیلت بیان کرتے ہوئے فرمایا۔

کوئی شخص اپنے ہاتھ کی کمائی سے بہتر کوئی چیز نہیں کھاتا اور داؤد علیہ السلام اپنے ہاتھ سے کما کر کھاتے تھے۔ اگر تم میں سے کوئی رسی لے کر جائے اور لکڑیوں کا گٹھا پشت پر اٹھا کر لائے اور فروخت کرے اور یوں اللہ تعالیٰ اس کی آبرو کو بچا لے تو یہ اس (ذلت) سے بہتر ہے کہ وہ لوگوں سے سوال کرے اور وہ اسے دیں یا نہ دیں۔

ان فرامین نبوی کے نتیجے میں مہاجرین نے انصار مدینہ پر زیادہ بوجھ بننا پسند

نہیں کیا اور معاشی جدوجہد میں شریک ہوگئے۔ اصحاب صفہ کے متعلق شبلی نعمانی لکھتے ہیں۔ "یہ لوگ معاشی ضروریات کی کفایت کے لئے جنگل سے لکڑیاں کاٹ کر لاتے اور انہیں بیچ کر آدھا خیرات کر دیتے اور آدھا احباب میں تقسیم کر لیتے۔

جہاں صحیح اسلامی معاشرہ موجود ہو اور اس کے تمام افراد اپنے فرائض و واجبات قرآن و سنت کے مطابق ادا کریں تو وہاں کوئی ایسا محتاج نظر آہی نہیں سکتا جسے کسی کی طرف دیکھنے یا ہاتھ پھیلانے کی ضرورت ہو۔ دراصل یہاں ارباب استطاعت کا اسلامی جذبۂ خیر نیز محتاج کی اسلامی خود داری اور عزت نفس دونوں اپنی جگہ کار فرما ہوں گے اس حقیقت کو حکیم الامت علامہ اقبالؒ نے یوں بیان کیا ہے۔

غربت میں بھی وہ اللہ والے تھے غیور اتنے

کہ منعم کو گدا کے ڈر سے بخشش کا نہ تھا یارا

معاشرہ سے غربت کے خاتمہ گداگری کے انسداد اور ہر فرد کے مزاج، صلاحیت اور معاشی ضروریات کے مطابق روزگار کے مواقع کی فراہمی کے لئے سرکاری سطح پر مالیاتی، تعلیمی اور اقتصادی پالیسیوں میں انقلابی تبدیلیوں کی ضرورت ہے ایک جانب مسلسل تبلیغ و ارشاد کے ذریعے عوام میں محنت کی عظمت اجاگر کر کے اور دوسری جانب دستکاری سکولز اور فنی تربیتی اداروں کے قیام اور معذوروں کی مناسب نگہداشت و بحالی کے لئے مستقل نوعیت کے اقدامات کے ذریعے مذکورہ مسائل پر قابو پایا جا سکتا ہے۔

صحت عامہ

سرکار دو عالم ﷺ نے حفظان صحت کے جو اصول وضع کیے اور متعدی امراض کے ماہرین کے لئے حیرت و استعجاب کا باعث ہے۔ جادو ٹونہ، بھوت، پریت اور دیگر اوہام باطلہ میں گرفتار معاشرہ میں آپ نے سب سے پہلے باقاعدہ علاج معالجہ کی طرح ڈالی۔ آپ نے ارشاد فرمایا۔

اے بندگان خدا دوا کیا کرو کیونکہ ہر مرض کی شفا مقرر ہے سوائے بڑھاپے کے۔ کتب سیرت میں آتا ہے۔

آپ بیمار کو طبیب حاذق سے علاج کرانے اور پرہیز کرنے کا حکم دیتے۔ نادان طبیب کو علاج کرنے سے منع فرماتے اور اسے مریض کے نقصان کا ذمہ دار ٹھہراتے۔ متعدی امراض سے بچاؤ کرنے اور تندرستوں کو اس سے محتاط رہنے کا حکم دیتے۔

جان رحمت ﷺ کا بیماروں سے سلوک

سرکار رحمت عالم ﷺ کی ذات مقدسہ محبت و شفقت کا مجسمہ تھی۔ انسانوں اور خاص کر اپنے غلاموں سے آپ کو کس قدر انس اور ہمدردی تھی اس کا اظہار قرآن حکیم نے ان الفاظ میں کیا ہے۔

اور یہ نبی رحمت تمہاری جانوں سے دیا وہ تمہارے قریب ہے۔ تمہارا مشقت میں پڑنا میرے محبوب کو سخت گراں گزرتا ہے۔

ذات مقدسہ میں جیسے رحم و کرم کا بحر بیکراں موجزن تھا صحابہ کرام میں سے کسی کو مصیبت و تکلیف میں مبتلا دیکھتے تو سخت رنجیدہ ہو جاتے دل میں رقت پیدا ہو جاتی اور گریہ فرماتے۔ ایک مرتبہ آپ عبدالرحمن بن عوفؓ کو لے کر سعد بن عبادہؓ کی عیادت کو گئے تو رو پڑے۔ آپ کی یہ کیفیت دیکھ کر ساتھ کے لوگوں پر بھی گریہ طاری ہو گیا۔ آپ کی عادت مبارکہ تھی کہ صحابہ کرام میں سے جوئی کوئی بیمار ہو جاتا اس کی عیادت فرمایا کرتے۔ عیادت کے وقت مریض کے قریب بیٹھ جاتے اور بیمار کو تسلی دیتے اور اس سے پوچھیئے کہ کس چیز کو دل چاہتا ہے اگر وہ شئے اس کو مضر نہ ہوتی تو اس کا انتظام کر دیا کرتے۔

حضرت انسؓ سے روایت ہے کہ ایک یہودی لڑکا حضور اکرم ﷺ کی خدمت کیا کرتا تھا ایک بار وہ بیمار ہو گیا تو آپ اس کی عیادت کے لئے تشریف لے گئے اور فرمایا مسلمان ہو جا چنانچہ آپ کے اخلاق کریمانہ سے متاثر ہو کر وہ مسلمان ہو گیا۔

صحیح بخاری میں ہے کہ

حضرت جابر بن عبداللہؓ بیمار ہوئے تو حضرت ابو بکرؓ رسول اکرم ﷺ کی معیت میں پاپیا وہ بنو سلمہ کے محلے میں گئے اور حضرت جابر کے گھر جا کر ان کی عیادت کی۔

حضرت ابو موسیٰ اشعریؓ کہتے ہیں کہ آنحضرت ﷺ نے فرمایا۔

بھوکے کو کھانا کھلاؤ، بیمار کی عیادت کرو اور (ناحق پکڑے جانے والے)

قیدیوں کو رہا کراؤ۔

اس حدیث مبارکہ میں بھوکوں کو کھانا کھلانے، بیماروں کی عیادت کے علاوہ مظلوم قیدیوں کی رہائی کے لئے سماجی خدمت کے پروگرام کے تحت فری لیگل ایڈ کمیٹیوں کے قیام اور حقوق انسانی کے تحفظ کے لئے منظم جدوجہد کا اشارہ ملتا ہے۔

صحت عامہ کے لئے عملی اقدامات

انسانی صحت اور بیماریوں کی دیکھ بھال سے متعلق حضور اکرم ﷺ کے ارشادات کی روشنی میں حکومت اور معاشرہ پر لازم آتا ہے کہ:

۱. حفظان صحت کے اصولوں کو عام کیا جائے اور ریڈیو / ٹیلی ویژن سے خصوصی پروگرام نشر کئے جائیں۔

۲. جراثیم سے پاک پینے کا صاف پانی اور مضر صحت اثرات سے پاک اشیائے خوردونوش کی فراہمی کو یقینی بنایا جائے۔

۳. شہری و دیہی آبادی کو مناسب طبی سہولتوں کی فراہمی کے لئے مستقل اور گشتی شفاخانے قائم کئے جائیں۔

۴. جعلی ڈاکٹروں اور طبیبوں کو انسانی جانوں سے کھیلنے کی ہرگز اجازت نہ دی جائے۔

۵. خون کی فوری دستیابی کے لئے بلڈ بنک قائم کئے جائیں اور ہر فرد کے شناختی کارڈ پر خون کا گروپ درج کیا جائے۔

۶. ادویات کی مفت یا سستے داموں فراہمی کے لئے سرکاری میڈیکل

سٹورز قائم کئے جائیں۔

۷. انسانی جان بچانے والی ادویات کی ذخیرہ اندوزی اور جعلی ادویات تیار کرنے والے افراد و اداروں کو عبرتناک سزا دی جائے۔

۸. معالجین کی دینی و اخلاقی تربیت کے لئے انسانی صحت، مریضوں کی دیکھ بھال اور انسانی محبت و ہمدردی سے متعلق تعلیمات نبوی پر مشتمل اسباق میڈیکل وطیبہ کالجز کے نصاب میں شامل کئے جائیں۔

۹. سنت نبوی ﷺ پر عمل کرتے ہوئے ہر امام اپنے مقتدیوں، استاد اپنے شاگردوں، افسر اپنے ماتحتوں اور آجر اپنے ادارے میں کام کرنے والے محنت کشوں کی عیادت کو اپنے اوپر لازم قرار دے۔

۱۰. منشیات کی لعنت میں گرفتار افراد کے علاج و معالجہ اور ان کی بحالی کے لئے خصوصی ادارے قائم کئے جائیں۔

پس چہ باید کرد؟

مذکورہ بالا حقائق و واقعات کے مطالعہ سے یہ حقیقت اظہر من الشمس ہے کہ جہالت و بے روزگاری، معاشی استحصال اور دیگر سماجی برائیوں سے پاک اعلیٰ انسانی اقدار پر مبنی ایک حقیقی فلاحی معاشرے کے قیام کے لئے ایک مکمل لائحہ عمل حضور سید عالم ﷺ کی پاکیزہ تعلیمات اور آپ کی بے مثل سیرت طیبہ میں موجود ہے۔ مسلمانان عالم کی موجودہ معاشی پسماندگی اور معاشرتی زبوں حالی اس امر کا تقاضا کرتی ہے کہ محمد عربی ﷺ کے غلام خصوصاً عشق مصطفیٰ کے جذبہ سے سرشار

نوجوانان ملت میدان عمل میں نکلیں اور سیرت مطہرہ کی روشنی میں ایک نئے عالمگیر سماجی و فلاحی انقلاب کے لئے اپنے تمام تر وسائل اور توانائیاں صرف کر دیں یہی وہ راہ عمل ہے جس پر چل کر سیاسی بدامنی، معاشی استحصال اور سماجی ناانصافیوں کی دہکتی آگ میں جھلستی انسانیت ایک بار پھر دین مصطفےٰ ﷺ کی اعجاز آفریں کامرانیوں کا مشاہدہ کر سکتی ہے۔

***